THE
3 minute
GRATITUDE
JOURNAL
for Kids

Emma

Blank Classic

Kids Gratitude Journal
119 numbered pages - 120 total pages
A5 (5.83 x 8.27)

Design © 2020 Blank Classics

Blank Classic

Mailing address:
Blank Classic
PO BOX 4608
Main Station Terminal
349 West Georgia Street
Vancouver, BC
Canada, V6B 4A1

Cover design by: A.R. Roumanis

ISBN: 978-1-77437-233-3

FIRST EDITION / FIRST PRINTING

ALL ABOUT ME

MY NAME IS
Emma

MY BIRTHDAY IS   Feb 6

I AM ( ) YEARS OLD

MY FAVORITE:
- ANIMAL _iDothav_
- COLOR _BLOW_
- SPORT _SocEr_
- FOOD _cikin_
- BOOK _Dogman_
- PLACE _Zoo_

MY FAMILY

WHEN I GROW UP
I WANT TO BE:

afos
trr

DATE: S M T W TH F S __/__/__

TODAY I AM GRATEFUL FOR
estr

I FEEL

THE BEST PART OF MY DAY WAS
estr

THIS PERSON BROUGHT ME JOY TODAY:
esty bunne

DRAW ABOUT IT

DATE: S M T W TH F S __/__/__

TODAY I AM GRATEFUL FOR

Luke mom DaD Teddy

_____

_____

I FEEL

THE BEST PART OF MY DAY WAS

_____
_____
_____
_____
_____
_____
_____
_____
_____
_____
_____

THIS PERSON BROUGHT ME JOY TODAY:

_____

DRAW ABOUT IT

DATE: S M T W TH F S   __ / __ / __

TODAY I AM GRATEFUL FOR

_____

_____

_____

I FEEL

THE BEST PART OF MY DAY WAS

_____

_____

_____

_____

_____

_____

_____

_____

_____

_____

_____

THIS PERSON BROUGHT ME JOY TODAY:

_____

DRAW ABOUT IT

DATE: S M T W TH F S   __ / __ / __

TODAY I AM GRATEFUL FOR

_____

_____

_____

I FEEL

THE BEST PART OF MY DAY WAS

_____

_____

_____

_____

_____

_____

_____

_____

_____

_____

_____

THIS PERSON BROUGHT ME JOY TODAY:

_____

DRAW ABOUT IT

DATE: S M T W TH F S __ / __ / __

TODAY I AM GRATEFUL FOR

_____
_____
_____

I FEEL

THE BEST PART OF MY DAY WAS

_____
_____
_____
_____
_____
_____
_____
_____
_____

THIS PERSON BROUGHT ME JOY TODAY:

_____

DRAW ABOUT IT

DATE: S M T W TH F S __/__/__

TODAY I AM GRATEFUL FOR

_____

_____

_____

I FEEL

THE BEST PART OF MY DAY WAS

_____

_____

_____

_____

_____

_____

_____

_____

_____

_____

_____

THIS PERSON BROUGHT ME JOY TODAY:

_____

DRAW ABOUT IT

DATE: S M T W TH F S ___ / ___ / ___

TODAY I AM GRATEFUL FOR

_____

_____

_____

I FEEL

THE BEST PART OF MY DAY WAS

_____

_____

_____

_____

_____

_____

_____

_____

_____

_____

_____

THIS PERSON BROUGHT ME JOY TODAY:

_____

DRAW ABOUT IT

DATE: S M T W TH F S __/__/__

TODAY I AM GRATEFUL FOR

_____

_____

_____

I FEEL

THE BEST PART OF MY DAY WAS

_____

_____

_____

_____

_____

_____

_____

_____

_____

_____

_____

_____

THIS PERSON BROUGHT ME JOY TODAY:

_____

DRAW ABOUT IT

DATE: S M T W TH F S ___/___/___

TODAY I AM GRATEFUL FOR

_____
_____
_____

I FEEL

THE BEST PART OF MY DAY WAS

_____
_____
_____
_____
_____
_____
_____
_____
_____
_____
_____

THIS PERSON BROUGHT ME JOY TODAY:

_____

DRAW ABOUT IT

DATE: S M T W TH F S __/__/__

TODAY I AM GRATEFUL FOR

_____

_____

_____

I FEEL

THE BEST PART OF MY DAY WAS

_____

_____

_____

_____

_____

_____

_____

_____

_____

_____

_____

THIS PERSON BROUGHT ME JOY TODAY:

_____

DRAW ABOUT IT

DATE: S M T W TH F S __ / __ / __

TODAY I AM GRATEFUL FOR

_____

_____

_____

I FEEL

THE BEST PART OF MY DAY WAS

_____

_____

_____

_____

_____

_____

_____

_____

_____

_____

_____

THIS PERSON BROUGHT ME JOY TODAY:

_____

DRAW ABOUT IT

DATE: S M T W TH F S __ / __ / __

TODAY I AM GRATEFUL FOR

_____
_____
_____

I FEEL

THE BEST PART OF MY DAY WAS

_____
_____
_____
_____
_____
_____
_____
_____
_____
_____
_____

THIS PERSON BROUGHT ME JOY TODAY:

_____

DRAW ABOUT IT

DATE: S M T W TH F S ___ / ___ / ___

TODAY I AM GRATEFUL FOR

_____

_____

_____

I FEEL

THE BEST PART OF MY DAY WAS

_____

_____

_____

_____

_____

_____

_____

_____

_____

_____

_____

THIS PERSON BROUGHT ME JOY TODAY:

_____

DRAW ABOUT IT

DATE: S M T W TH F S __/__/__

TODAY I AM GRATEFUL FOR

_____

_____

_____

I FEEL

THE BEST PART OF MY DAY WAS

_____

_____

_____

_____

_____

_____

_____

_____

_____

_____

_____

THIS PERSON BROUGHT ME JOY TODAY:

_____

DRAW ABOUT IT

DATE: S M T W TH F S ___/___/___

TODAY I AM GRATEFUL FOR

_____
_____
_____

I FEEL

:)

:)

:|

:(

:(

THE BEST PART OF MY DAY WAS

_____
_____
_____
_____
_____
_____
_____
_____
_____
_____
_____

THIS PERSON BROUGHT ME JOY TODAY:

_____

DRAW ABOUT IT

DATE: S M T W TH F S __ / __ / __

TODAY I AM GRATEFUL FOR

_____

_____

_____

I FEEL

THE BEST PART OF MY DAY WAS

_____

_____

_____

_____

_____

_____

_____

_____

_____

_____

_____

THIS PERSON BROUGHT ME JOY TODAY:

_____

DRAW ABOUT IT

DATE: S M T W TH F S ___ / ___ / ___

TODAY I AM GRATEFUL FOR

_____

_____

_____

I FEEL

THE BEST PART OF MY DAY WAS

_____

_____

_____

_____

_____

_____

_____

_____

_____

_____

_____

THIS PERSON BROUGHT ME JOY TODAY:

_____

DRAW ABOUT IT

DATE: S M T W TH F S   __ / __ / __

TODAY I AM GRATEFUL FOR

_____
_____
_____

I FEEL

THE BEST PART OF MY DAY WAS

_____
_____
_____
_____
_____
_____
_____
_____
_____
_____
_____

THIS PERSON BROUGHT ME JOY TODAY:

_____

DRAW ABOUT IT

DATE: S M T W TH F S __ / __ / __

TODAY I AM GRATEFUL FOR

_____

_____

_____

I FEEL

THE BEST PART OF MY DAY WAS

_____

_____

_____

_____

_____

_____

_____

_____

_____

_____

_____

_____

THIS PERSON BROUGHT ME JOY TODAY:

_____

DRAW ABOUT IT

DATE: S   M   T   W   TH   F   S   __ / __ / __

TODAY I AM GRATEFUL FOR

_____
_____
_____

I FEEL

THE BEST PART OF MY DAY WAS

_____
_____
_____
_____
_____
_____
_____
_____
_____
_____
_____

THIS PERSON BROUGHT ME JOY TODAY:

_____

DRAW ABOUT IT

DATE: S M T W TH F S __ / __ / __

TODAY I AM GRATEFUL FOR

_____

_____

_____

I FEEL

THE BEST PART OF MY DAY WAS

_____

_____

_____

_____

_____

_____

_____

_____

_____

_____

_____

THIS PERSON BROUGHT ME JOY TODAY:

_____

DRAW ABOUT IT

DATE: S M T W TH F S __/__/__

TODAY I AM GRATEFUL FOR

_____

_____

_____

I FEEL

THE BEST PART OF MY DAY WAS

_____

_____

_____

_____

_____

_____

_____

_____

_____

_____

_____

THIS PERSON BROUGHT ME JOY TODAY:

_____

DRAW ABOUT IT

DATE: S M T W TH F S __ / __ / __

TODAY I AM GRATEFUL FOR

_____

_____

_____

I FEEL

THE BEST PART OF MY DAY WAS

_____

_____

_____

_____

_____

_____

_____

_____

_____

_____

_____

_____

THIS PERSON BROUGHT ME JOY TODAY:

_____

DRAW ABOUT IT

DATE: S M T W TH F S __ / __ / __

TODAY I AM GRATEFUL FOR

_____

_____

_____

I FEEL

THE BEST PART OF MY DAY WAS

_____
_____
_____
_____
_____
_____
_____
_____
_____
_____
_____

THIS PERSON BROUGHT ME JOY TODAY:

_____

DRAW ABOUT IT

DATE: S M T W TH F S __ / __ / __

TODAY I AM GRATEFUL FOR

_____
_____
_____

I FEEL

THE BEST PART OF MY DAY WAS

_____
_____
_____
_____
_____
_____
_____
_____
_____
_____
_____

THIS PERSON BROUGHT ME JOY TODAY:

_____

DRAW ABOUT IT

DATE: S M T W TH F S __ / __ / __

TODAY I AM GRATEFUL FOR

_____
_____
_____

I FEEL

THE BEST PART OF MY DAY WAS

_____
_____
_____
_____
_____
_____
_____
_____
_____
_____
_____

THIS PERSON BROUGHT ME JOY TODAY:

_____

DRAW ABOUT IT

DATE: S M T W TH F S __ / __ / __

TODAY I AM GRATEFUL FOR

_____

_____

_____

I FEEL

THE BEST PART OF MY DAY WAS

_____

_____

_____

_____

_____

_____

_____

_____

_____

_____

THIS PERSON BROUGHT ME JOY TODAY:

_____

DRAW ABOUT IT

DATE: S M T W TH F S __ / __ / __

TODAY I AM GRATEFUL FOR

_____

_____

_____

I FEEL

THE BEST PART OF MY DAY WAS

_____

_____

_____

_____

_____

_____

_____

_____

_____

_____

THIS PERSON BROUGHT ME JOY TODAY:

_____

DRAW ABOUT IT

DATE: S M T W TH F S __/__/__

TODAY I AM GRATEFUL FOR

_____

_____

_____

I FEEL

THE BEST PART OF MY DAY WAS

_____

_____

_____

_____

_____

_____

_____

_____

_____

_____

_____

THIS PERSON BROUGHT ME JOY TODAY:

_____

DRAW ABOUT IT

DATE: S M T W TH F S __ / __ / __

TODAY I AM GRATEFUL FOR

_____

_____

_____

I FEEL

THE BEST PART OF MY DAY WAS

_____

_____

_____

_____

_____

_____

_____

_____

_____

_____

_____

THIS PERSON BROUGHT ME JOY TODAY:

_____

DRAW ABOUT IT

DATE: S M T W TH F S __/__/__

TODAY I AM GRATEFUL FOR

_____
_____
_____

I FEEL

THE BEST PART OF MY DAY WAS

_____
_____
_____
_____
_____
_____
_____
_____
_____
_____

THIS PERSON BROUGHT ME JOY TODAY:

_____

DRAW ABOUT IT

DATE: S M T W TH F S ___/___/___

TODAY I AM GRATEFUL FOR

_____
_____
_____

I FEEL

THE BEST PART OF MY DAY WAS

_____
_____
_____
_____
_____
_____
_____
_____
_____
_____

THIS PERSON BROUGHT ME JOY TODAY:

_____

DRAW ABOUT IT

DATE: S M T W TH F S   __ / __ / __

TODAY I AM GRATEFUL FOR

_____
_____
_____

I FEEL

THE BEST PART OF MY DAY WAS

_____
_____
_____
_____
_____
_____
_____
_____
_____
_____

THIS PERSON BROUGHT ME JOY TODAY:

_____

DRAW ABOUT IT

DATE: S M T W TH F S __/__/__

TODAY I AM GRATEFUL FOR

_____

_____

_____

I FEEL

THE BEST PART OF MY DAY WAS

_____

_____

_____

_____

_____

_____

_____

_____

_____

_____

_____

THIS PERSON BROUGHT ME JOY TODAY:

_____

DRAW ABOUT IT

DATE: S M T W TH F S ___/___/___

TODAY I AM GRATEFUL FOR

_____
_____
_____

I FEEL

THE BEST PART OF MY DAY WAS

_____
_____
_____
_____
_____
_____
_____
_____
_____
_____
_____
_____
_____

THIS PERSON BROUGHT ME JOY TODAY:

_____

DRAW ABOUT IT

DATE: S M T W TH F S __ / __ / __

TODAY I AM GRATEFUL FOR

_____
_____
_____

I FEEL

😊
🙂
😐
😟
☹️

THE BEST PART OF MY DAY WAS

_____
_____
_____
_____
_____
_____
_____
_____
_____
_____
_____

THIS PERSON BROUGHT ME JOY TODAY:

_____

DRAW ABOUT IT

DATE: S M T W TH F S __/__/__

TODAY I AM GRATEFUL FOR

_____

_____

_____

I FEEL

THE BEST PART OF MY DAY WAS

_____

_____

_____

_____

_____

_____

_____

_____

_____

_____

THIS PERSON BROUGHT ME JOY TODAY:

_____

DRAW ABOUT IT

DATE: S M T W TH F S __ / __ / __

TODAY I AM GRATEFUL FOR

_____
_____
_____

I FEEL

THE BEST PART OF MY DAY WAS

_____
_____
_____
_____
_____
_____
_____
_____
_____
_____
_____
_____

THIS PERSON BROUGHT ME JOY TODAY:

_____

DRAW ABOUT IT

DATE: S M T W TH F S __ / __ / __

TODAY I AM GRATEFUL FOR

_____
_____
_____

I FEEL

THE BEST PART OF MY DAY WAS

_____
_____
_____
_____
_____
_____
_____
_____
_____
_____

THIS PERSON BROUGHT ME JOY TODAY:

_____

DRAW ABOUT IT

DATE: S M T W TH F S   __ / __ / __

TODAY I AM GRATEFUL FOR

_____

_____

_____

I FEEL

THE BEST PART OF MY DAY WAS

_____

_____

_____

_____

_____

_____

_____

_____

_____

_____

THIS PERSON BROUGHT ME JOY TODAY:

_____

DRAW ABOUT IT

DATE: S M T W TH F S __ / __ / __

TODAY I AM GRATEFUL FOR

_____
_____
_____

I FEEL

THE BEST PART OF MY DAY WAS

_____
_____
_____
_____
_____
_____
_____
_____
_____
_____
_____
_____
_____

THIS PERSON BROUGHT ME JOY TODAY:

_____

DRAW ABOUT IT

DATE: S M T W TH F S __ / __ / __

TODAY I AM GRATEFUL FOR

_____
_____
_____

I FEEL

THE BEST PART OF MY DAY WAS

_____
_____
_____
_____
_____
_____
_____
_____
_____
_____
_____
_____

THIS PERSON BROUGHT ME JOY TODAY:

_____

DRAW ABOUT IT

DATE: S M T W TH F S __ / __ / __

TODAY I AM GRATEFUL FOR

_____
_____
_____

I FEEL

THE BEST PART OF MY DAY WAS

_____
_____
_____
_____
_____
_____
_____
_____
_____
_____
_____

THIS PERSON BROUGHT ME JOY TODAY:

_____

DRAW ABOUT IT

DATE: S M T W TH F S __ / __ / __

TODAY I AM GRATEFUL FOR

_____

_____

_____

I FEEL

THE BEST PART OF MY DAY WAS

_____
_____
_____
_____
_____
_____
_____
_____
_____
_____
_____

THIS PERSON BROUGHT ME JOY TODAY:

_____

DRAW ABOUT IT

DATE: S M T W TH F S   __ / __ / __

TODAY I AM GRATEFUL FOR

_____
_____
_____

I FEEL

THE BEST PART OF MY DAY WAS

_____
_____
_____
_____
_____
_____
_____
_____
_____
_____
_____
_____

THIS PERSON BROUGHT ME JOY TODAY:

_____

DRAW ABOUT IT

DATE: S M T W TH F S ___ / ___ / ___

TODAY I AM GRATEFUL FOR

_____

_____

_____

I FEEL

THE BEST PART OF MY DAY WAS

_____

_____

_____

_____

_____

_____

_____

_____

_____

_____

THIS PERSON BROUGHT ME JOY TODAY:

_____

DRAW ABOUT IT

DATE: S M T W TH F S __ / __ / __

TODAY I AM GRATEFUL FOR

_____

_____

_____

I FEEL

THE BEST PART OF MY DAY WAS

_____

_____

_____

_____

_____

_____

_____

_____

_____

_____

_____

THIS PERSON BROUGHT ME JOY TODAY:

_____

DRAW ABOUT IT

DATE: S M T W TH F S __ / __ / __

TODAY I AM GRATEFUL FOR

_____

_____

_____

I FEEL

THE BEST PART OF MY DAY WAS

_____

_____

_____

_____

_____

_____

_____

_____

_____

_____

_____

THIS PERSON BROUGHT ME JOY TODAY:

_____

DRAW ABOUT IT

DATE: S M T W TH F S   __ / __ / __

TODAY I AM GRATEFUL FOR

_____
_____
_____

I FEEL

THE BEST PART OF MY DAY WAS

_____
_____
_____
_____
_____
_____
_____
_____
_____
_____

THIS PERSON BROUGHT ME JOY TODAY:

_____

DRAW ABOUT IT

DATE: S M T W TH F S __ / __ / __

TODAY I AM GRATEFUL FOR

_____

_____

_____

I FEEL

THE BEST PART OF MY DAY WAS

_____

_____

_____

_____

_____

_____

_____

_____

_____

_____

THIS PERSON BROUGHT ME JOY TODAY:

_____

DRAW ABOUT IT

DATE: S M T W TH F S __ / __ / __

TODAY I AM GRATEFUL FOR

_____

_____

_____

I FEEL

THE BEST PART OF MY DAY WAS

_____

_____

_____

_____

_____

_____

_____

_____

_____

_____

_____

THIS PERSON BROUGHT ME JOY TODAY:

_____

DRAW ABOUT IT

DATE: S M T W TH F S   __ / __ / __

TODAY I AM GRATEFUL FOR

_____
_____
_____

I FEEL

THE BEST PART OF MY DAY WAS

_____
_____
_____
_____
_____
_____
_____
_____
_____
_____
_____

THIS PERSON BROUGHT ME JOY TODAY:

_____

DRAW ABOUT IT

DATE: S M T W TH F S __ / __ / __

TODAY I AM GRATEFUL FOR

_____
_____
_____

I FEEL

THE BEST PART OF MY DAY WAS

_____
_____
_____
_____
_____
_____
_____
_____
_____
_____
_____

THIS PERSON BROUGHT ME JOY TODAY:

_____

DRAW ABOUT IT

DATE: S M T W TH F S ___ / ___ / ___

TODAY I AM GRATEFUL FOR

_____
_____
_____

I FEEL

THE BEST PART OF MY DAY WAS

_____
_____
_____
_____
_____
_____
_____
_____
_____
_____
_____

THIS PERSON BROUGHT ME JOY TODAY:

_____

DRAW ABOUT IT

DATE: S M T W TH F S __/__/__

TODAY I AM GRATEFUL FOR

_____

_____

_____

I FEEL

THE BEST PART OF MY DAY WAS

_____

_____

_____

_____

_____

_____

_____

_____

_____

_____

_____

THIS PERSON BROUGHT ME JOY TODAY:

_____

DRAW ABOUT IT

DATE: S M T W TH F S __/__/__

TODAY I AM GRATEFUL FOR

_____

_____

_____

I FEEL

THE BEST PART OF MY DAY WAS

_____

_____

_____

_____

_____

_____

_____

_____

_____

_____

_____

THIS PERSON BROUGHT ME JOY TODAY:

_____

DRAW ABOUT IT

DATE: S M T W TH F S __ / __ / __

TODAY I AM GRATEFUL FOR

_____

_____

_____

I FEEL

THE BEST PART OF MY DAY WAS

_____

_____

_____

_____

_____

_____

_____

_____

_____

_____

_____

THIS PERSON BROUGHT ME JOY TODAY:

_____

DRAW ABOUT IT

DATE: S M T W TH F S   __ / __ / __

TODAY I AM GRATEFUL FOR

_____
_____
_____

I FEEL

THE BEST PART OF MY DAY WAS

_____
_____
_____
_____
_____
_____
_____
_____
_____
_____
_____

THIS PERSON BROUGHT ME JOY TODAY:

_____

DRAW ABOUT IT

CPSIA information can be obtained
at www.ICGtesting.com
Printed in the USA
LVHW031002280320
651487LV00030B/1023